APPALACHIA

ISBN original 0-374-10571-5

Published by arrangement
with Farrar, Straus and Giroux, LLC., New York

ISBN 978-2-35328-036-0

Crédits photos :
La "Tallulah River" en octobre (Falling Water Photography)
Charles Wright (Photo de l'auteur)

LES APPALACHES
APPALACHIA

To Sally,
with best wishes
for happy readings
of this wonderful poet.
Carl
Catherine
5/1/2011
Jackson, TN

DU MÊME AUTEUR

Sestets. Farrar, Straus & Giroux, 2009.
Littlefoot. Farrar, Straus & Giroux, 2007.
Scar Tissue. Farrar, Straus & Giroux, 2006.
The Wrong End of the Rainbow. Sarabande, 2005.
Buffalo Yoga. Farrar, Straux & Giroux, 2004.
A Short History of the Shadow. Farrar, Straus & Giroux, 2002.
Negative Blue. Farrar, Straus & Giroux, 2000.
North American Bear. Sutton Hoo, 1999.
Appalachia. Farrar, Straus & Giroux, 1998.
Black Zodiac. Farrar, Straus & Giroux, 1997.
Chickamauga. Farrar, Straus & Giroux, 1995.
Quarter Notes (improvisations et interviews). U of Michigan Press, 1995.
The World of the Ten Thousand Things. Farrar, Straus & Giroux, 1990.
Xionia. Windhover Press, 1990.
Zone Journals. Farrar, Straus & Giroux, 1988.
Halflife (improvisations et interviews). U of Michigan Press, 1988.
The Other Side of the River. Random House 1984.
Orphic Songs. Dino Campana (traductions). Field Editions, 1984.
Country Music/Poemes choisis. Wesleyan U P, 1982.
The Southern Cross. Random House, 1981.
The Storm and Other Things par Eugenio Montale (traductions).
Field Editions, 1978.
China Trace. Wesleyan University Press, 1977.
Bloodlines. Wesleyan University Press, 1975.
Hard Freight. Wesleyan University Press, 1973.
The Grave of the Right Hand. Wesleyan University Press, 1970.

CHARLES WRIGHT A OBTENU :
- Le Prix Griffin 2007
- Le Prix du Livre, *Los Angeles Times* 1998
- Le Prix Pulitzer 1998
- Le Prix Lenore Marshall Poetry 1996
- Le Prix Ruth Lilly 1993

CHARLES WRIGHT
Prix Pulitzer 1998

LES APPALACHES
APPALACHIA

Traduit de l'anglais (américain)
par Alice-Catherine Carls

ÉDITINTER

In memory of my sister,
Hildegarde Wright,
who lived there all her life

En souvenir de ma soeur,
Hildegarde Wright,
qui y passa toute sa vie.

1

Stray Paragraphs in February, Year of the Rat

East of town, the countryside unwrinkles and smooths out
Unctuously toward the tidewater and gruff Atlantic.
A love of landscape's a true affection for regret, I've found,
Forever joined, forever apart,
                                        outside us yet ourselves.

Renunciation, it's hard to learn, is now our ecstasy.
However, if God were still around,
                              he'd swallow our sighs in his nothingness.

The dregs of the absolute are slow sift in my blood,
Dead branches down after high winds, dead yard grass and
    undergrowth —
The sure accumulation of all that's not revealed
Rises like snow in my bare places,
                                      cross whipped and openmouthed.

Our lives can't be lived in flames.
Our lives can't be lit like saints' hearts,
                                 seared between heaven and earth.

February, old head turner, cut us some slack, grind of bone
On bone, such melancholy music.
Lift up that far corner of landscape,
                                        there, toward the west.
Let some of the deep light in, the arterial kind.

Paragraphes épars en février, année du rat

À l'est de la ville, la campagne se défroisse et se lisse
Onctueusement vers les marées de l'Atlantique bourru.
L'amour du paysage est l'amour du regret, ai-je découvert,
Unis pour toujours, séparés pour toujours,
hors de nous mais nous-mêmes.

Le renoncement, difficile leçon, nous est désormais extase.
Mais si Dieu était toujours ici,
il engloutirait nos soupirs dans son néant.

La lie de l'absolu s'épanche lentement dans mon sang,
Mortes branches abattues par le grand vent, mortes herbes et
broussailles du jardin —
L'accumulation certaine de tout ce qui n'est pas révélé
Comble comme neige mes espaces vides,
ballottés et bouche bée.

Nos vies ne peuvent être vécues en flammes.
Nos vies ne peuvent s'embraser comme les cœurs des saints
qui brûlent entre ciel et terre.

Février, vieux séducteur, donne-nous du mou, os grinçant
Contre os, mélancolique musique.
Soulève ce coin de paysage,
là-bas, vers l'ouest.
Laisse entrer un peu de lumière profonde, artérielle.

Stray Paragraphs in April, Year of the Rat

Only the dead can be born again, and then not much.
I wish I were a mole in the ground,
eyes that see in the dark.

Attentive without an object of attentiveness,
Unhappy without an object of unhappiness —
Desire in its highest form,
dog prayer, diminishment...

If we were to walk for a hundred years, we could never take
One step toward heaven —
you have to wait to be gathered.

Two cardinals, two blood clots,
Cast loose in the cold, invisible arteries of the air.
If they ever stop, the sky will stop.

Affliction's a gift, Simone Weil thought —
The world becomes more abundant in severest light.

April, old courtesan, high-styler of months, dampen our mouths.

The dense and moist and cold and dark come together here.

The soul is air, and it maintains us.

Paragraphes épars en avril, année du rat

Seuls les morts peuvent naître, mais c'est à peu près tout.
Je voudrais être une taupe dans le sol,
des yeux qui voient dans le noir.

Attentif sans objet de concentration,
Mécontent sans objet d'insatisfaction —
Désir le plus élevé,
prière de chien, amoindrissement…

De marcher pendant cent ans ne nous ferait pas avancer
D'un seul pas vers le ciel —
il nous faut attendre le rassemblement.

Deux cardinaux, deux caillots de sang,
Lâchés dans les froides artères invisibles de l'air.
S'ils s'arrêtent, le ciel s'arrêtera.

L'affliction est un don — pensait Simone Weil —
Le monde abonde dans la plus sévère des lumières.

Avril, vieux courtisan, arbitre des mois, humecte nos bouches.

Le dense, l'humide, le froid et le noir s'unissent ici.

L'âme est air et nous maintient.

Basic Dialogue

The transformation of objects in space,
                                                            or objects in time,
To objects outside either, but tactile, still precise...
It's always the same problem —
Nothing's more abstract, more unreal,
                                                        than what we actually see.
The job is to make it otherwise.

Two dead crepe-myrtle bushes,
                                        tulips petal-splayed and swan-stemmed,
All blossoms gone from the blossoming trees — the new loss
Is not like old loss,
Winter-kill, a jubilant revelation, an artificial thing
Linked and lifted by pure description into the other world.

Self oblivion, sacred information, God's nudge —
I think I'll piddle around by the lemon tree, thorns
Sharp as angel's teeth.
                                      I think
I'll lie down in the dandelions, the purple and white violets.
I think I'll keep on lying there, one eye cocked toward heaven.

April eats from my fingers,
                                            nibble of dogwood, nip of pine.
Now is the time, Lord.
Syllables scatter across the new grass, in search of their words.

Dialogue de base

La transformation des objets dans l'espace,
ou dans le temps,
En objets hors espace et hors temps, mais tactiles et encore précis...
C'est toujours le même problème —
Rien n'est plus abstrait, moins réel que
ce qui est sous nos yeux.
Le tout est de changer cela.

Deux lilas des Indes morts,
tulipes révulsées sur leurs tiges ployées,
Arbres entièrement défleuris — perte nouvelle
N'est pas perte ancienne,
Cette mort hivernale, cette révélation jubilante, cet artificiel
Relié à l'au-delà et transporté par pure description.

Oubli de soi, information sacrée, divine pichenette —
Je crois que je vais greviller autour du citronnier aux épines
Acérées comme les dents d'un ange.
Je pense que
Je vais m'étendre parmi les pissenlits, dans les violettes mauves et blanches.
Je pense que je vais rester étendu là, un œil tourné vers le paradis.

Avril me mange dans la main,
une bouchée de cornouiller, un brin de pin.
L'heure est venue, Seigneur.
Les syllabes s'éparpillent dans la jeune herbe à la recherche de leurs mots.

Such minor Armageddons.
Beside the waters of disremembering,
I lay me down.

Apocalypses mineures.
Sur les rives de l'oubli,
                    je m'allonge.

Star Turn

Nothing is quite as secretive as the way the stars
Take off their bandages and stare out
At the night,
                that dark rehearsal hall,
And whisper their little songs,
The alpha and beta ones, the ones from the great fire.

Nothing is quite as gun shy,
                                the invalid, broken pieces
Drifting and rootless, rising and falling, forever
Deeper into the darkness.
Nightly they give us their dumb show, nightly they flash us
Their message and melody,
                                frost-sealed, our lidless companions.

Tour d'étoiles

Rien n'est aussi secret que la façon dont les étoiles
enlèvent leurs bandes et scrutent
La nuit,
                                        cette noire salle de répétition,
Et susurrent leurs petites chansons,
Celles des alphas et des bêtas, celles du grand feu.

Rien n'est aussi peureux que
                                        ces éclats invalides,
Dérivant, sans racines, montant et tombant toujours
Plus profond dans le noir.
Chaque soir elles nous offrent leur spectacle muet, chaque
soir elles clignotent
Leur message et leur mélodie,
                    scellées de givre, nos compagnes sans paupières.

A Bad Memory Makes You a Metaphysician, a Good One Makes You a Saint

This is our world, high privet hedge on two sides,
half-circle of arborvitae,
Small strip of sloped lawn,
Last of the spring tulips and off-purple garlic heads
Snug in the cutting border,
Dwarf orchard down deep at the bottom of things,
God's crucible,
Bat swoop and grab, grackle yawp, back yard...

This is our landscape,
Bourgeois, heartbreakingly suburban;
these are the ashes we rise from.
As night goes down, we watch it darken and disappear.
We push our glasses back on our foreheads,
look hard, and it disappears.

In another life, the sun shines and the clouds are motionless.
There, too, the would-be-saints are slipping their hair shirts on.
But only the light souls can be saved;
Only the ones whose weight
will not snap the angel's wings.
Too many things are not left unsaid.
If you want what the syllables want, just do your job.

Un mauvais souvenir fait de toi un métaphysicien, un bon souvenir fait de toi un saint

Voici notre monde, deux hautes haies de troènes parallèles,
un demi-cercle de thuyas,
Une petite bande de gazon pentue,
Des tulipes printanières tardives et des têtes d'ail mauves
Blotties dans une bordure,
Un verger miniature tout en bas des choses,
creuset de Dieu,
Piqué de chauve-souris sur sa proie, cri du sansonnet, jardin...

Voici notre paysage,
Bourgeois, banlieusard à pleurer;
voici les cendres dont nous renaissons.
À la nuit tombante, nous le regardons s'assombrir et disparaître.
Nous repoussons nos lunettes sur nos fronts,
regardons tant et plus, et il disparaît.

Dans une autre vie, le soleil brille et les nuages sont immobiles.
Là aussi, les aspirants saints enfilent leur cilice.
Mais seules les âmes légères seront sauvées;
Seules celles dont le poids
ne brisera pas les ailes de l'ange.
Trop de choses ne restent pas non-dites.
Si tu convoites ce que veulent les syllabes, fais ton boulot.

Thinking about the Poet Larry Levis One Afternoon in Late May

Rainy Saturday, Larry dead
                                        almost three weeks now,
Rain starting to pool in the low spots
And creases along the drive.
                                        Between showers, the saying goes,
Roses and rhododendron wax glint
Through dogwood and locust leaves,
Flesh-colored, flesh-destined, spring in false flower, goodbye.

The world was born when the devil yawned,
                                                            the legend goes,
And who's to say it's not true,
Color of flesh, some inner and hidden bloom of flesh.
Rain back again, then back off,
Sunlight suffused like a chest pain across the tree limbs.
God, the gathering night, assumes it.

We haven't a clue as to what counts
In the secret landscape behind the landscape we look at here.
We just don't know what matters,
                                                  May dull and death distanced,
Sky half lit and grackle-ganged —
It's all the same dark, it's all the same absence of dark.
Part of the rain has now fallen, the rest still to fall.

En pensant au poète Larry Levis
un après-midi de fin mai

Samedi pluvieux, Larry est mort
                                        il y a presque trois semaines,
Pluie commençant à remplir les trous
Et les ornières de l'allée.
                                Entre les gouttes, dit l'adage,
Roses et rhododendrons étincellent
À travers les feuilles du cornouiller et du robinier,
Couleur chair, destinée chair, printemps en fausse fleur, adieu.

Le monde est né d'un bâillement du diable,
                                                dit la légende,
Et qui dira que ce n'est pas vrai,
Couleur de chair, floraison de chair interne et cachée.
Pluie de nouveau, puis éclaircie,
Soleil irradiant les branches comme un coup au cœur.
Dieu, la nuit tombante, l'assume.

Nous n'avons aucune idée de ce qui compte
Dans le paysage secret derrière le paysage que nous regardons ici-bas.
Parce que nous ne savons pas ce qui est important,
                                        mai terne et distancé par la mort,
Ciel mi-éclairé et grappes de sansonnets —
Tout est le même noir, la même absence de noir.
Une partie de la pluie est tombée, le reste à venir.

In the Kingdom of the Past,
the Brown Eyed Man Is King

It's all so pitiful, really, the little photographs
Around the room of places I've been,
And me in them, the half-read books, the fetishes, this
Tiny arithmetic against the dark undazzle.
Who do we think we're kidding?

Certainly not our selves, those hardy perennials
We take such care of, and feed, who keep on keeping on
Each year, their knotty egos like bulbs
Safe in the damp and dreamy soil of their self-regard.
No way we bamboozle them with these

Shrines to the woebegone, ex votos and reliquary sites
One comes in on one's knees to,
The country of *what was*, the country of *what we pretended to be*,
Cruxes and intersections of all we'd thought was fixed.
There is no guilt like the love of guilt.

Au royaume d'antan, l'homme aux yeux bruns est roi

C'est si pathétique, vraiment, les petites photos
Dans mon salon, des lieux que j'ai visités,
Et moi au milieu, livres mi-lus, fétiches, cette
Minuscule arithmétique contre le noir dégrisement.
Qui pensons-nous duper?

Certainement pas nos je, ces vivaces
Choyées et nourries qui persistent à renaître
Chaque an, leurs egos noueux comme des bulbes
A l'abri du danger dans le sol humide et rêveur de leur égoïsme.
Impossible de les embobiner avec ces

Mausolées des afflictions, ex-votos et sites reliquaires
Où l'on entre à genoux,
Le pays de ce qui était, le pays de ce que nous prétendions être,
Cœurs et croisées de tout ce que nous croyions réparé.
Aucune culpabilité n'égale l'amour de la culpabilité.

Passing the Morning under the Serenissima

Noon sun big as a knuckle,
                                        tight over Ponte S. Polo,
Unlike the sighting of Heraclitus the Obscure,
Who said it's the width of a man's foot.
Unable to take the full
                                  "clarity" of his fellow man,
He took to the mountains and ate grasses and wild greens,
Aldo Buzzi retells us.

Sick, dropsical, he returned to the city and stretched out on the
    ground
And covered his body with manure
To dry himself out.
                              After two days of cure, he died,
Having lost all semblance of humanity, and was devoured by dogs.
Known as "the weeping philosopher," he said one time,
The living and the dead, the waked and the sleeping, are the same.

Thus do we entertain ourselves on hot days, Aldo Buzzi,
Cees Nooteboom, Gustave Flaubert,
The flies and nameless little insects
                                                  circling like God's angels
Over the candy dish and worn rug.
The sun, no longer knuckle or foot,
                                              strays behind June's flat clouds.
Boats bring their wild greens and bottled water down the
    Republic's shade-splotched canals

En fainéantant le matin à l'ombre de la Sérénissime

Soleil de midi gros comme un poing,
à pic sur Ponte S. Polo,
Contrairement à ce que vit Héraclite l'Obscur,
Qui dit qu'il avait la largeur d'un pied d'homme.
Incapable de supporter la totale
« clarté » de ses compatriotes,
Il établit domicile dans la montagne, se nourrissant d'herbes
et de tubéreuses,
Nous raconte Aldo Buzzi.

Malade, hydropique, il revint en ville s'étendre sur le sol
Et se couvrit le corps de bouse
Pour se sécher.
Il mourut après deux jours de cure,
Ayant perdu toute apparence humaine, il fut dévoré par les chiens.
Connu comme « le philosophe pleureur », il dit,
Vivants et morts, veilleurs et dormeurs, tous pareils.

C'est ainsi que nous nous divertissons les jours de canicule, Aldo
Buzzi,
Cees Nooteboom, Gustave Flaubert,
Les mouches et les petits insectes sans nom
qui tournent tels des anges divins
Sur la coupe à bonbons et le tapis usé.
Le soleil, ni poing ni pied,
se cache derrière les plats nuages de juin.
Des bateaux transportent tubéreuses et bouteilles d'eau
Sur les canaux ombragés de la République.

Venetian Dog

Bad day in Bellini country, Venetian dog high-stepper
Out of Carpaccio and down the street,
                                        tail like a crozier
Over his ivory back.
A Baron Corvo bad day, you mutter, under your short breath.

Listen, my friend, everything works to our disregard.
Language, our common enemy, moves like the tide against us,
Fortune's heel upwind
                                over Dogana's golden universe
High in the cloud-scratched and distant sky.

Six p.m. Sunday church bells
Flurry and circle and disappear like pigeon flocks,
Lost in the sunlight's fizzle and fall.
The stars move as well against us.
                                        From pity, it sometimes seems.

So what's the body to do,
                                caught in its web of spidered flesh?
Venetian dog has figured his out, and stands his ground,
Bristled and hogbacked,
Barking in cadence at something that you and I can't see.
                                                                But

Le chien vénitien

Mauvaise journée au pays de Bellini, un chien vénitien haut sur pattes
Descend d'un Carpaccio dans la rue,
                                        queue en crosse
Sur son dos ivoire.
Une mauvaise journée à la Baron Corvo, marmottes-tu hors d'haleine.

Écoute, mon ami, tout contribue à notre mépris.
Le langage, ennemi commun, avance contre nous comme le ressac,
La fortune talonne le vent
                          sur l'univers doré de Dogano
Haut dans le ciel éraflé de nuages et distant.

Dimanche. Les cloches de l'angélus
Se bousculent et tournent et disparaissent comme un envol de
   pigeons,
Perdues dans les pétillements du soleil, elles tombent.
Les étoiles aussi avancent contre nous.
                                    Par pitié, semble-t-il parfois.

Que doit faire le corps,
                          pris dans sa toile de chair arachnéenne ?
Le chien vénitien a compris et ne cède pas d'un pouce,
Hérissé, l'échine ronde,
Aboyant en cadence contre quelque chose que ni toi ni moi ne
   pouvons voir.
                                                      Mais

For us, what indeed, lying like S. Lorenzo late at night
On his brazier, lit from above by a hole in the sky,
From below by coals,
                                        his arm thrown up,
In Titian's great altarpiece, in supplication, what indeed?

Que devons-nous faire, étendus comme Saint-Laurent à minuit
Sur son brasier illuminé d'en haut par un trou dans le ciel,
D'en bas par les braises,
                                        le bras levé en supplication,
Dans le grand triptyque du Titien, que faire ?

In the Valley of the Magra

In June, above Pontrèmoli, high in the Lunigiana,
The pollen-colored chestnut blooms
                                        sweep like a long cloth
Snapped open over the bunched treetops
And up the mountain as far as the almost-Alpine meadows.
At dusk, in the half-light, they appear
Like stars come through the roots of the great trees from
   another sky.
Or tears, with my glasses off.
                                   Sometimes they seem like that
Just as the light fades and the darkness darkens for good.

Or that's the way I remember it when the afternoon
   thunderstorms
Tumble out of the Blue Ridge,
And distant bombardments muscle in
                                          across the line
Like God's solitude or God's shadow,
The loose consistency of mortar and river stone
Under my fingers where I leaned out
Over it all,
                 isolate farm lights
Starting to take the color on, the way I remember it...

Dans la vallée de la Magra

En juin, au-dessus de Pontrèmoli, dans le massif de Lunigiana,
Les fleurs de châtaignier couleur de pollen
balaient les versants de leur long voile
Déployé sur les cimes des arbres drus
Et grimpent jusqu'aux pâturages quasi-alpins.
Au crépuscule, dans le demi-jour, elles ressemblent
À des étoiles perçant aux racines des grands arbres d'un autre ciel.
Ou à des larmes, sans mes lunettes.
Parfois elles ont cet aspect
À l'instant précis où la lumière pâlit et où l'obscurité prend.

Ou bien c'est comme ça que je les vois en souvenir, lorsque les orages d'après-midi
Dévalent du *Blue Ridge*,
Et que des bombardements distants forcent
la ligne de crête
Comme la solitude de Dieu ou l'ombre de Dieu,
Ciment et gravier meuble
Sous mes doigts, là où je me penche
Sur tout ça,
les lumières des fermes isolées
Commençant à se colorer, selon mes souvenirs...

Returned to the Yank Cabin,
I Overhear an Old Greek Song

Back at the west window, Basin Creek
Stumbling its mantra out in a slurred, midsummer monotone,
Sunshine in planes and clean sheets
Over the yarrow and lodgepole pine —
We spend our whole lives in the same place and never leave,
Pine squirrels and butterflies at work in a deep dither,
Bumblebee likewise, wind with a slight hitch in its get-along.

Dead heads on the lilac bush, daisies
Long-legged forest of stalks in a white throw across the field
Above the ford and deer path,
Candor of marble, candor of bone —
We spend our whole lives in the same place and never leave,
The head of Orpheus bobbing in the slatch, his song
Still beckoning from his still-bloody lips, bright as a bee's heart.

De retour au chalet du Yaak, j'entends un ancien chant grec

De retour à la fenêtre ouest, *Basin Creek*
Déverse son mantra trébuchant dans un monotone confus de grand été,
Le soleil en plans et draps nets
Sur le millefeuille et le pin —
Nous passons toutes nos vies au même endroit, sans jamais partir,
Écureuils et papillons œuvrent dans une profonde perplexité,
Les mouches font pareil, le vent avec un léger accroc dans son pas.

Têtes mortes des lilas, pâquerettes
Forêt de longues tiges blanches jetées à travers le champ
Au-dessus du gué et du sentier des chamois,
Candeur de marbre, candeur d'os.
Nous passons toutes nos vies au même endroit, sans jamais partir,
La tête d'Orphée danse dans l'accalmie, son chant
Nous invite encore de ses lèvres en sang, rouges comme cœur
d'abeille.

Ars Poetica II

I find, after all these years, I am a believer —
I believe what the thunder and lightning have to say;
I believe that dreams are real,
                                        and that death has two reprisals;
I believe that dead leaves and black water fill my heart.

I shall die like a cloud, beautiful, white, full of nothingness.

The night sky is an ideogram,
                                        a code card punched with holes.
It thinks it's the word of what's-to-come.
It thinks this, but it's only The Library of Last Resort,
The reflected light of The Great Misunderstanding.

God is the fire my feet are held to.

Ars Poetica II

Après toutes ces années, je me découvre croyant —
Je crois au discours du tonnerre et des éclairs ;
Je crois que les rêves sont réels,
                                        et que la mort a une double revanche ;
Je crois mon cœur plein de feuilles mortes et d'eau noire.

Je mourrai comme un beau nuage blanc, rempli de rien.

Le ciel nocturne est un idéogramme,
                                                            une carte codée, trouée.
Il se croit verbe d'avenir, mais
Il n'est que la Bibliothèque de la Dernière Chance,
La lumière reflétée du Grand Malentendu.

Dieu est le feu auquel mes pieds sont soumis.

Cicada Blue

I wonder what Spanish poets would say about this,
Bloodless, mid-August meridian,
Afternoon like a sucked-out, transparent insect shell,
Diffused, and tough to the touch.
Something about a labial, probably,
something about the blue.

St. John of the Cross, say, or St. Teresa of Avila.
Or even St. Thomas Aquinas,
Who said, according to some,
"All I have written seems like straw
Compared to what I have seen and what has been revealed to me."
Not Spanish, but close enough,
something about the blue.

Blue, I love you, blue, one of them said once in a different color,
The edged and endless
Expanse of nowhere and nothingness
hemmed as a handkerchief from here,
Cicada shell of hard light
Just under it, blue, I love you, blue...

We've tried to press God in our hearts the way we'd press a leaf in a book,
Afternoon memoried now,
sepia into brown,

Bleu cigale

Je me demande ce que les poètes espagnols diraient de cet
Exsangue midi de mi-août,
De cet après-midi en carapace d'insecte vidée, transparente,
Diffuse et dure au toucher.
Quelque chose sur une labiale, probablement,
quelque chose sur le bleu.

St. Jean de la Croix, tiens, ou Sainte Thérèse d'Avila,
Ou même Saint Thomas d'Aquin,
Qui, selon certains, a dit,
« Tout ce que j'ai écrit n'est que paille
Devant ce que j'ai vu et ce qui m'a été révélé. »
Pas espagnol, mais assez proche,
Quelque chose sur le bleu.

Bleu que j'aime, bleu, dit l'un d'eux dans une couleur différente,
L'espace bordé et infini
De nulle part et de néant
ourlé comme un mouchoir d'ici,
Carapace de cigale en lumière dure
Et juste sous elle, le bleu que j'aime, bleu…

Nous avons tenté d'enfermer Dieu dans nos cœurs comme on
presse une feuille dans un livre,
Après-midi désormais souvenir,
sépia bruni,

Night coming on with its white snails and its ghost of the
Spanish poet,
Poet of shadows and death.
Let's press him firm in our hearts, O blue, I love you, blue.

Nuit qui tombe avec ses escargots blancs et le fantôme du
poète espagnol,
Poète des ombres et de la mort.
Pressons-le bien fort dans nos coeurs, ô bleu que j'aime, bleu.

All Landscape Is Abstract, and Tends to Repeat Itself

I came to my senses with a pencil in my hand
And a piece of paper in front of me.
                                        To the years
Before the pencil, O, I was the resurrection.
Still, who knows where the soul goes,
Up or down,
            after the light switch is turned off, who knows?

It's late August, and prophets are calling their bears in.

The sacred is frightening to the astral body,
As is its absence.
              We have to choose which fear is our consolation.
Everything comes *ex alto*,
We'd like to believe, the origin and the end, or
Non-origin and the non-end,
                                each distant and inaccessible.

Over the Blue Ridge, the whisperer starts to whisper in tongues.

Remembered landscapes are left in me
The way a bee leaves its sting,
                                  hopelessly, passion-placed,
Untranslatable language.
Non-mystical, insoluble in blood, they act as an opposite
To the absolute, whose words are a solitude, and set to music.

All forms of landscape are autobiographical.

Tout paysage est abstrait et tend à se répéter

Je naquis à mes sens un crayon à la main
Et une feuille de papier devant moi.
                                        Pour les années
D'avant le crayon, Ô, je fus la résurrection.
Et encore, qui sait où va l'âme,
En haut ou en bas,
                    une fois la lumière éteinte, qui sait ?

Fin août, les prophètes rappellent leurs ours.

Le sacré épouvante le corps astral,
Tout comme son absence.
                    Nous devons choisir la peur qui nous consolera.
Tout vient *ex alto*,
Nous aimerions le croire, l'origine et la fin, soit
La non-origine et la non-fin,
                                chacune distante et inaccessible.

Au-dessus du *Blue Ridge*, le Chuchotant commence son
    murmure inspiré.

Des paysages remémorés restent en moi
Comme un aiguillon d'abeille,
                                incurablement, passionnels,
Intraduisible langage.
Non-mystiques, insolubles dans le sang, ils servent d'opposé
À l'absolu dont les mots sont une solitude mise en musique.

Toutes les formes de paysage sont autobiographiques.

Opus Posthumous

Possum work, world's windowlust, lens of the Byzantine –
Friday in Appalachia.
Hold on, old skeletal life,
                                                  there's more to come, if I hear right.
Still, even the brightest angel is darkened by time,
Even the sharpest machine
                                                    dulled and distanced by death.

Wick-end of August, wicked once-weight of summer's sink
      and sigh.

September now, set to set foot on the other side,
Hurricanes sprouting like daisy heads around her lap.
We know where she's been. We know
What big secret she keeps,
                                        so dark and dungeoned, and wish her well,
Praying that she will whisper it to us
                                                                  just once, just this once.

The secret of language is the secret of disease.

Opus posthume

Travail d'opossum, fenêtre-désir du monde, lentille byzantine —
Vendredi dans les Appalaches.
Accroche-toi, vieille vie squelettique,
il y a plus à venir, si j'ai bien entendu.
Cependant, même l'ange le plus brillant est assombri par le temps,
Même la machine la plus coupante
est émoussée, distancée par la mort.

Mèche de fin août, méchant fardeau du naufrage de l'été
et de son soupir.

Septembre maintenant, le pied bien posé de l'autre côté,
Ouragans perçant sur ses flancs comme les renoncules.
Nous savons où il a été. Nous savons
Quels grands secrets il garde,
si noirs et cloîtrés, et lui souhaitons bonne chance,
Priant qu'il nous les chuchote
juste une fois, juste cette fois-ci.

Le secret du langage est celui de la maladie.

2

What Do You Write About,
Where Do Your Ideas Come From?

Landscape, of course, the idea of God and language
Itself, that pure grace
                    which is invisible and sure and clear,
Fall equinox two hours old,
Pine cones dangling and doomed over peach tree and privet,
Clouds bulbous and buzzard-traced.
The Big Empty is also a subject of some note,
Dark dark and never again,
The missing word and there you have it,
                                        heart and heart beat,
Never again and never again,
Backdrop of back yard and earth and sky
Jury-rigged carefully into place,
Wind from the west and then some,
Everything up and running hard,
                              everything under way,
Never again never again.

Sur quoi écris-tu,
D'où te viennent tes idées?

Du paysage, bien sûr, du concept de Dieu et du langage
En soi, pure grâce
                                        invisible, sûre et claire,
Équinoxe d'automne âgé de deux heures,
Pignes suspendues, condamnées, au-dessus du pêcher et du troène,
Bulbeux nuages rayés par les buses.
Le Grand Vide est aussi un éminent sujet,
Noir noir et plus jamais,
Le mot manquant, et voilà,
                                                    cœur et battement de cœur,
Plus jamais et plus jamais,
Arrière-plan de jardin, terre, et ciel,
Soigneusement pipé comme un jury,
Vent d'ouest et davantage,
Tout est réveillé et en pleine course,
                                                                tout est en train,
Plus jamais plus jamais.

Quotations

Renoir, whose paintings I don't much like,
Says what survives of the artist is the feeling he gives by means
  of objects.
I do like that, however,
The feeling put in as much as the feeling received
To make a work distinctive,
Though I'm not sure it's true,
                              or even it's workable.

* * *

When Chekhov died, he died at dawn,
                              a large moth circling the lamp,
Beating its pressed wings.
Placed in a zinc casket, the corpse, labeled *Fresh Oysters*,
Was sent to Moscow in a freight car from Germany.
His last words were, *Has the sailor left?*
I am dying, Ich sterbe.

* * *

My breath is corrupt, my days are extinct, the graves are ready
  for me,
Job says. *They change the night into day –*
The light is short because of darkness.
I have said to corruption,
                        thou art my father, to the worm,
Thou art my mother and my sister –

Citations

Renoir, dont je n'aime pas beaucoup les toiles,
Dit que ce qui survit à l'artiste est le sentiment qu'il donne
    à travers les objets.
J'aime cette notion,
Le sentiment imparti autant que le sentiment reçu
Pour qu'une oeuvre se distingue,
Encore que je ne sois pas sûr que ce soit vrai,
                                        ou même faisable.

* * *

À l'aube, quand Tchekhov mourut,
                une grande phalène tournait autour de la lampe,
Battant de ses ailes amidonnées.
Placé dans un cercueil en zinc, le cadavre, étiqueté *Huîtres fraîches*,
Fut envoyé à Moscou dans un wagon de marchandises allemand.
Ses derniers mots furent, *Le mousse est-il parti ?*
Je meurs, Ich sterbe.

* * *

Mon souffle s'en va ; mes jours s'éteignent ; le tombeau m'attend !
Dit Job. *Ils font de la nuit le jour ;*
En face des ténèbres, ils disent que la lumière est proche…
Je crie au tombeau :
                    « Tu es mon père ! » et aux vers :
« Vous êtes ma mère et ma sœur ! » —

They shall go down to the bars of the pit,
when our rest together is in the dust.

* * *

That's all. There's nothing left after that.
As Meng Chiao says,
For a while the dust weighs lightly on my cloak.

Ils descendront aux portes du Séjour des morts,
Quand nous irons ensemble reposer dans la poussière.

* * *

C'est tout. Après ça, il ne reste rien.
Comme dit Meng Chiao,
La poussière s'attardera un instant sur ma houppelande.

The Appalachian Book of the Dead II

Late Saturday afternoon in Charlottesville.
Columbus Day,
Windless, remorseless Columbus Day,
Sunlight like Scotch tape
Stuck to the surfaces of west-worn magnolia leaves.
Children are playing their silly games
Behind the back yard,
toneless, bell-less Columbus Day.

Despair's a sweet meat I'd hang a fang in once or twice,
Given the go ahead.
And where's October's golden and red,
Where is its puff of white smoke?
Another page torn off
The Appalachian Book of the Dead,
Indifferent silence of heaven,
Indifferent silence of the world.

Jerusalem, I say quietly, Jerusalem,
The altar of evening starting to spread its black cloth
In the eastern apse of things —
the soul that desires to return *home*, desires its own destruction,
We know, which never stopped anyone,
The fear of it and dread of it on every inch of the earth,
Though light's still lovely in the west,
billowing, purple and scarlet-white.

Le Livre appalachien des morts II

Fin d'après-midi à Charlottesville.
Jour férié de Christophe Colomb,
Journée de Colomb sans vent, sans remords,
Rayons de soleil scotchés
Sur les feuilles ouest du magnolia.
Des enfants jouent à leurs petits jeux
Derrière le jardin,
jour de Colomb sans ton ni cloches.

Le désespoir est un fruit confit que je me mettrais bien sous la dent,
Si c'était permis.
Où sont les rouges et les ors d'octobre,
Où est son jet de fumée blanche ?
Une autre page arrachée au
Livre appalachien des morts,
Indifférent silence des cieux,
Indifférent silence du monde.

Jérusalem, dis-je doucement, Jérusalem,
Alors que l'autel du soir déploie son drap noir
Dans l'abside orientale des choses —
l'âme qui désire retourner *chez soi*, désire sa propre destruction,
Nous connaissons, ce qui n'a jamais arrêté personne,
La peur et la terreur qu'elle inspire à chaque pouce de terre,
Bien qu'à l'ouest la lumière soit toujours charmante,
effusion violette et blanc-écarlate.

Indian Summer II

As leaves fall from the trees, the body falls from the soul.
As memory signs transcendence, scales fall from the heart.
As sunlight winds back on its dark spool,
November's a burn and an ache.

A turkey buzzard logs on to the late evening sky.
Residual blood in the oak's veins.
Sunday. Recycling tubs like flower bins at the curb.

Elsewhere, buried up to her armpits,
someone is being stoned to death.
Elsewhere, transcendence searches for us.
Elsewhere, this same story is being retold by someone else.

The heavenly way has been lost,
no use to look at the sky.
Still, the stars, autumnal stars, start to flash and transverberate.
The body falls from the soul, and the soul takes off,
a wandering, moral drug.

This is an end without a story.
This is a little bracelet of flame around your wrist.
This is the serpent in the Garden,
her yellow hair, her yellow hair.

Eté indien II

Lorsque les feuilles tombent de l'arbre, le corps tombe de l'âme.
Lorsque la mémoire signale la transcendance, les écailles tombent
du cœur.
Lorsque le soleil se rembobine sur son essieu noir,
novembre brûle et fait mal.

Un vautour s'inscrit dans le ciel vespéral.
Sang résiduel dans les veines du chêne.
Dimanche. Sur le trottoir, les containers de recyclage s'alignent
comme des auges à fleurs.

Ailleurs, enterrée jusqu'aux aisselles,
une femme est lapidée.
Ailleurs, la transcendance nous cherche.
Ailleurs, cette histoire-ci est redite par quelqu'un d'autre.

Nous avons perdu la voie divine,
inutile de regarder le ciel. Toutefois,
Automnales, les étoiles commencent à clignoter et à
transverbérer.
Le corps tombe de l'âme et l'âme s'envole,
drogue baladeuse, morale.

Ceci est une fin sans histoire.
Ceci est un mince bracelet de feu autour de ton poignet.
Ceci est le serpent femelle dans le Jardin,
ses cheveux jaunes, ses cheveux jaunes.

We live in two landscapes, as Augustine might have said,
One that's eternal and divine,
                                                    and one that's just the back yard,
Dead leaves and dead grass in November, purple in spring.

Nous vivons dans deux paysages, aurait pu dire Saint Augustin.
L'un éternel et divin,
                    et l'autre, le jardin,
Feuilles mortes et herbe morte de novembre, violette au printemps.

Autumn's Sidereal, November's a Ball and Chain

After the leaves have fallen, the sky turns blue again,
Blue as a new translation of Longinus on the sublime.
We wink and work back from its edges.
                                        We walk around
Under its sequence of metaphors,
Looking immaculately up for the overlooked.
Or looking not so immaculately down for the same thing.

If there's nothing going on, there's no reason to make it up.
Back here, for instance, next to the cankered limbs of the plum
   trees,
We take a load off.
                    Hard frost on the grass blades and wild onion,
Invisibly intricate, so clear.
Pine needles in herringbone, dead lemon leaves, dead dirt.
The metaphysical world is meaningless today,

South wind retelling its autobiography
                                        endlessly
Through the white pines, somesuch and susurration, shhh, shhh…

Automne sidéral, boulet et chaîne de novembre

Une fois les feuilles tombées, le ciel redevient bleu,
Bleu comme une nouvelle traduction de Longine sur le sublime.
Un clin d'œil et nous revenons de ses bords.
Nous nous promenons
Sous sa succession de métaphores,
Cherchant les yeux levés, irréprochablement, ce qui a été omis.
Ou les yeux baissés, moins irréprochablement, la même chose.

Si rien n'arrive, il n'y a pas de raison de l'inventer.
Ici, par exemple, à côté des branches de prunier
chancrées
Nous nous délestons.
Givre sur les brins d'herbe et l'oignon sauvage,
Invisiblement complexe, si clair.
Aiguilles de pin en chevron, feuilles de citronnier mortes,
poussière de terre morte.
Aujourd'hui le monde métaphysique n'a pas de sens,

Le vent du sud ressasse son autobiographie
à l'infini
À travers les pins blancs, chuintements et susurrements, chut, chut...

The Writing Life

Give me the names for things, just give me their real names,
Not what we call them, but what
They call themselves when no one's listening —
At midnight, the moon-plated hemlocks like unstruck bells,
God wandering aimlessly elsewhere.
                    Their names, their secret names.

December. Everything's black and brown. Or half-black and
    half-brown.
What's still alive puts its arms around me,
                    amen from the evergreens
That want my heart on their ribbed sleeves.
Why can't I listen to them?
                    Why can't I offer my heart up
To what's in plain sight and short of breath?

Restitution of the divine in a secular circumstance —
Page 10, The Appalachian Book of the Dead,
                    the dog-eared one,
Pre solstice winter light laser beaked, sun over Capricorn,
Dead-leaf-and-ice mix grunged on the sidewalk and driveway.
Short days. Short days. Dark soon the light overtakes.
                    Stump of a hand.

La vie écrivante

Donnez-moi le nom des choses, rien que leurs vrais noms,
Pas ceux que nous leur donnons, mais ceux
dont elles se nomment quand personne n'écoute —
Les ciguës de minuit plaquées lune, cloches silencieuses,
Dieu vagabondant sans but ailleurs.
Leurs noms, leurs noms secrets.

Décembre. Tout est noir et brun. Ou bien mi-noir et mi-brun.
Ce qui est toujours en vie me ceint de ses bras,
un amen vient des pins
Qui veulent mon cœur sur leurs manches côtelées.
Pourquoi ne puis-je pas les écouter ?
Pourquoi ne puis-je offrir mon cœur
À ce qui est devant moi et hors d'haleine ?

Restitution du divin dans une circonstance séculaire —
Page 10 du Livre appalachien des morts,
celui aux pages cornées,
Hivernale lumière de pré-solstice acérée, soleil au Capricorne,
Bouillie de feuilles mortes et de glace sur le trottoir et l'allée.
Jours courts. Jours courts. Bientôt le noir vaincra la lumière.
Moignon de main.

Reply to Wang Wei

The dream of reclusive life, a strict, essential solitude,
Is a younger hermit's dream.
Tuesday, five days till winter, a cold, steady rain.
White hair, white heart. The time's upon us and no exit
East of the lotus leaves.
                    No exit, you said, and a cold, steady rain.

Indeed.
    All those walks by the river, all those goodbyes.
Willows shrink back to brown across Locust Avenue,
The mountains are frost and blue
                    and fellow travellers.
Give you peace, you said, freedom from ten thousand matters.
And asked again, does fame come only to the ancients?

At the foot of the southern mountains, white clouds pass
    without end,
You wrote one time in a verse.
                    They still do, and still without end.
That's it. Just wanted to let you know it hasn't changed no out,
    no end,
And fame comes only to the ancients, and justly so,
Rain turning slowly to snow now then back into rain.

Everywhere everywhere, you wrote, something is falling,
The evening mist has no resting place.

Réponse à Wang Wei

Le rêve de vie recluse, de solitude stricte et essentielle,
Est un rêve de jeune ermite.
Mardi, à cinq jours de l'hiver, froid rideau de pluie.
Cheveux blancs, cœur blanc. Notre temps finit, pas de sortie
À l'est des feuilles de lotus.
          Pas de sortie, as-tu dit, et un froid rideau de pluie.

Certes.
        Toutes ces promenades au bord de l'eau, tous ces adieux.
Sur *Locust Avenue*, les saules rétrécissent dans le brun,
Les montagnes sont givre et bleu
                              et aussi les compagnons de route.
Donne-nous la paix, as-tu dit, libère-nous de dix mille affaires
Et tu as redemandé si la gloire échoit seulement aux anciens.

Au pied de la chaîne sud, des nuages blancs passent sans fin,
Ecrivis-tu jadis dans un poème.
                        Ils passent toujours, et toujours sans fin.
C'est tout. Je voulais juste que tu saches que rien n'a changé —
      pas de sortie, pas de fin,
Et la gloire échoit seulement aux anciens, c'est bien juste,
Pluie tournant lentement en neige puis fondant.

Partout, partout, écrivis-tu, quelque chose tombe,
La rosée du soir n'a où reposer.

What time we waste, wasting time.
                                        Still, I sit still,
The mind swept clean in its secret shade,
Though no monk from any hill will ever come to call.

Que de temps nous perdons, en perdant notre temps.
Cependant je suis toujours assis,
L'esprit nettoyé en son ombre secrète,
Bien qu'aucun moine ne descende jamais d'aucune colline
pour me voir.

Giorgio Morandi and the Talking Eternity Blues

Late April in January, seventy-some-odd degrees.
The entry of Giorgio Morandi in The Appalachian Book of the
    Dead
Begins here, without text, without dates —
A photograph of the master contemplating four of his objects,
His glasses pushed high on his forehead,
                                        his gaze replaced and pitiless.

The dove, in summer, coos sixty times a minute, one book says.
Hard to believe that,
                        even in this unseasonable heat,
A couple of them appearing and silent in the bare tree
Above me.
            Giorgio Morandi doesn't blink an eye
As sunlight showers like sulphur grains across his face.

There is an end to language.
                There is an end to handing out the names of things,
Clouds moving south to north along the Alleghenies
And Blue Ridge, south to north on the wind.
Eternity, unsurprisingly, doesn't give this a take.
Eternity's comfortless, a rock and a hard ground.

Now starless, Madonnaless, Morandi
Seems oddly comforted by the lack of comforting,
A proper thing in its proper place,

Giorgio Morandi et le blues de l'éternité parlante

Fin avril en janvier, vingt et quelques degrés,
L'entrée de Giorgio Morandi dans le Livre appalachien
    des morts
Commence ici, sans texte, sans dates —
Une photo du maître contemplant quatre de ses objets,
Lunettes repoussées sur le front,
                                        regard replacé et impitoyable.

En été la colombe roucoule soixante fois par minute, dit un livre.
Difficile à croire,
                    même dans cette chaleur hors saison,
Deux colombes silencieuses apparaissent dans l'arbre nu
Au-dessus de moi.
                    Giorgio Morandi ne cille pas
Quand le soleil ruisselle en grains de sulfure sur son visage.

Le langage a une fin.
                La distribution des noms de choses a une fin,
Nuages longeant les Alleghanys du sud au nord
Et le *Blue Ridge,* du sud au nord, sur l'échine du vent.
L'éternité, bien entendu, ne s'y laisse pas prendre.
L'éternité manque de confort, étal et enclume.

Morandi, maintenant sans étoiles ni Madone
Semble étrangement conforté par ce manque de réconfort,
Une bonne chose bien à sa bonne place,

Landscape subsumed, language subsumed,
                                                  the shadow of God
Liquid and indistinguishable.

Paysage subsumé, langage subsumé,
l'ombre de Dieu
Liquide et indiscernable.

Drone and Ostinato

Winter. Cold like a carved thing outside the window glass.
Silence of sunlight and ice dazzle.
                                        Stillness of noon.
Dragon back of the Blue Ridge,
Landscape laid open like an old newspaper, memory into
    memory.

Our lives are like birds' lives, flying around, blown away.
We're bandied and bucked on and carried across the sky,
Drowned in the blue of the infinite,
                                        blur-white and drift.
We disappear as stars do, soundless, without a trace.

Nevertheless, let's settle and hedge the bet.
                                The wind picks up, clouds cringe,
Snow locks in place on the lawn.
Wordless is what the soul wants, the one thing that I keep in
    mind.
One in one united, bare in bare doth shine.

Bourdon et ostinato

Hiver. Froid comme une sculpture devant la vitre.
Silence de soleil et brillance de glace.
Midi immobile.
Blue Ridge à l'échine serpentine,
Paysage ouvert comme un vieux journal, souvenir
dans le souvenir.

Nos vies ressemblent à celles des oiseaux, ballottées, chassées.
Nous sommes passés et jetés et portés à travers le ciel,
Noyés dans le bleu de l'infini,
tache flou blanche et dérive.
Nous disparaissons comme les étoiles, en silence, sans trace.

Ce nonobstant, installons-nous et protégeons nos jeux.
Le vent enfle, les nuages se rebiffent,
La neige s'agence sur la pelouse.
Ce que veut l'âme est indicible, c'est la seule chose que je
garde à l'esprit.
À l'unisson de Dieu, âme nue contre âme nue brille.

Ostinato and Drone

The mystic's vision is beyond the world of individuation,
it is beyond speech and thus incommunicable.
— PAUL MENDES-FLOHR, *Ecstatic Confessions*

Undoing the self is a hard road.
Somewhere alongside a tenderness that's infinite,
I gather, and loneliness that's infinite.
                                                            No finitude.
There's nothing that bulks up in between.
Radiance. Unending brilliance of light
                                              like drops of fire through the world.
Speechless. Incommunicable. At one with the one.

Some dead end — no one to tell it to,
                                                            nothing to say it with.
That being the case, I'd like to point out this quince bush,
Quiescent and incommunicado in winter shutdown.
I'd like you to notice its long nails
And skeletal underglow.
                                          I'd like you to look at its lush
Day-dazzle, noon light and shower shine.

It's reasonable to represent anything that really exists
                                                  by that thing which doesn't exist,
Daniel Defoe said.
And that's what we're talking about, the difference between
    the voice and the word,
The voice continuing to come back in splendor,
                                                      the word still not forthcoming.

Ostinato et bourdon

La vision du mystique dépasse l'univers individué ;
elle se situe au-delà de la parole et est inexprimable.
— PAUL MENDES-FLOHR, *Confessions d'extase*

Défaire le soi est un cheminement difficile.
Quelque part le long d'une tendresse infinie,
Je crois comprendre, et d'une solitude infinie.
                                        Pas de finitude.
Rien n'occupe l'espace entre les deux.
Radiance. Brillance perpétuelle de la lumière
                    telle des gouttes de feu de par le monde.
Muette. Inexprimable. À l'unisson de Dieu.

Quelle impasse — personne à qui le dire,
                                pas de mots pour le dire.
Si tel est le cas, je voudrais vous signaler ce cognassier,
Placide et au secret dans l'arrêt hivernal.
Je voudrais que vous remarquiez ses longs ongles
Et son rougeoiment squelettique.
              Je voudrais que vous regardiez la luxuriance de
Son éblouissement diurne, son éclat de midi brillant de pluie.

Il est raisonnable de représenter tout ce qui existe réellement
                          par cette chose qui n'existe pas,
Dit Daniel Defoe.
Et c'est ce dont nous parlons, la différence entre
   la voix et le mot,
La voix continuant à revenir dans la splendeur,
                                  le mot pas encore né.

We're talking about the bush on fire.
We're talking about this quince bush, its noonday brilliance of light.

Nous parlons du buisson ardent.
Nous parlons de ce cognassier, de sa brillance de midi.

"It's Turtles All the Way Down"

I snap the book shut. February. Alternate sky.
Tiny gobbets like pyracantha beans on the mock crab-apple trees.
None of this interests me.

Mercy is made of fire, and fire needs fire, another book says.
It also says, to get to God, pull both your feet back —
One foot from out of this life, one foot from the other.

Outside, I walk off-cadence under the evergreens,
Ground needles bronzed and half mythic, as though from a
    tomb,
5 : 20 winter lightfall sifted and steeped through medium yellow.

What God is the God behind the God who moves the chess
    pieces,
Borges wondered.
                    What mask is the mask behind the mask
The language wears and the landscape wears, I ask myself.

O, well, I let the south wind blow all over my face.
I let the sunshine release me and fall all over my face.
I try not to think of them stopping.

« Des tortues jusqu'en bas »

Je referme le livre d'un claquement. Février. Ciel alternatif.
Minuscules parcelles telles des graines de pyracantha sur le
pommier sauvage.
Rien de cela ne m'intéresse.

La clémence est de feu, et le feu a besoin de feu, dit un autre livre.
On dit aussi que, pour atteindre Dieu, il nous faut retirer les deux
pieds,
Un pied hors de cette vie, un pied hors de l'autre.
Dehors, je marche d'un pas irrégulier sous les pins,
Aiguilles tombées au sol, bronze mi-mythique, quasi tombal,
Dix-sept heures vingt, lumière d'hiver tamisée et infusée au jaune
moyen.

Quel Dieu est le Dieu derrière Celui qui déplace les pions
sur l'échiquier,
Se demandait Borges.
Quel masque est le masque derrière le masque
Que portent langage et paysage, me demandé-je.

Eh bien, je laisse le vent du sud me souffler à la figure.
Je laisse le rayon de soleil me délivrer et m'éclairer le visage.
J'essaie de ne pas penser qu'ils s'arrêteront.

Half February

St. Valentine's. Winter is in us.
Hard to be faithful to summer's bulge and buzz
in such a medicine.
Hard to be heart-wrung
And sappy in what's unworkable and world-weary.
Hard to be halt and half-strung.

All of us, more or less, are unfaithful to something.
Solitude bears us away,
Approaches us in the form of a crescent, like love,
And bears us away
Into its icy comforting, our pain and our happiness.

I saw my soul like a little silkworm, diligently fed,
Spinning a thread with its little snout,
Anna Garcias wrote in the sixteenth century.
And who can doubt her,
Little silkworm in its nonbeing and nothingness.

Nothing like that in these parts these days —
The subject for today, down here, is the verb "to be,"
Snow falling, then sleet, then freezing rain,
St. Catherine nowhere in evidence, her left side opened, her
heart removed,
All the world's noise, all its hubbub and din,
now chill and a glaze.

Mi-février

La Saint Valentin. L'hiver est en nous.
Difficile de ne pas trahir les bourgeons et bourdons de l'été
dans une telle drogue.
Difficile d'être brisé
Et en sève dans ce qui est insoluble et las.
Difficile d'être à l'arrêt et mi-tendu.

Tous, plus ou moins, nous sommes infidèles à quelque chose.
La solitude nous emporte,
S'approche de nous sous forme de croissant, comme l'amour,
Et nous emporte
Dans son réconfort glacé, nos peines et nos bonheurs.

J'ai vu mon âme comme un petit vers à soie, diligemment nourrie,
Filant son cocon de son petit museau,
Écrivit Anna Garcias au seizième siècle.
Et qui peut douter de sa parole,
Petit vers à soie dans son non-être et son néant.

Rien de tel par ici ces jours-ci —
Le sujet du jour, chez nous, est le verbe « être »,
Chute de neige, neige fondue, pluie glacée,
Sainte Catherine se cache, le flanc gauche ouvert, le
cœur enlevé,
Tout le bruit du monde, tout son vacarme et son tapage,
ne sont plus que frisson et glacis.

Back Yard Boogie Woogie

I look out at the back yard —
sur le motif, as Paul Cézanne would say,
Nondescript blond winter grass,
Boxwood buzz-cut still dormant with shaved sides, black gum tree
And weeping cherry veined and hived against the afternoon sky.

I try to look at landscape as though I weren't there,
but know, wherever I am,
I disturb that place by breathing, by my heart's beating —
I only remember things that I think I've forgot,
Lives the color of dead leaves, for instance, days like dead
insects.

Most of my life is like that,
scattered, fallen, overlooked.
Back here, magenta rosettes flock the limbs of the maple trees,
Little thresholds of darkness,
Late February sunlight indifferent as water to all the objects in it.

Only perfection is sufficient, Simone Weil says.
Whew…
Not even mercy or consolation can qualify.
Good thing I've got this early leaf bristle in my hand.
Good thing the cloud shadows keep on keeping on, east-by-
northeast.

Boogie-woogie de jardin

Je regarde mon jardin par la fenêtre —
sur le motif, dirait Paul Cézanne,
Blonde paillasse hivernale,
Buis taillé en brosse, dormant, les tempes rasées, gommier noir
Et cerisier pleureur veinés et essaimés contre le ciel de l'après-midi.

J'essaie de regarder le paysage comme si je n'étais pas là,
mais je sais que, où que je sois,
Ma respiration, mes battements de cœur, dérangent cet endroit —
Je ne me souviens que des choses dont je pense ne plus me souvenir,
De vies couleur de feuilles mortes, par exemple, de jours en insectes morts.

Presque toute ma vie est comme ça,
éparpillée, tombée, ignorée,
Ici, des rosettes magenta couvrent les branches des érables,
Petits seuils d'ombre,
Lumière de fin février indifférente comme l'eau à tous les objets qu'elle contient.

Seule la perfection suffit, dit Simone Weil.
Ha...
Ni clémence ni consolation ne sont qualifiées.
C'est bien que j'aie dans ma main cette jeune feuille piquante.
C'est bien que l'ombre des nuages continue d'avancer d'est en nord-est.

The Appalachian Book of the Dead III

Full moon illuminated large initial for letter M,
Appalachian Book of the Dead, 22 February 1997 —
La luna piove, the moon rains down its antibiotic light
Over the sad, septic world,
Hieroglyphs on the lawn, supplicant whispers for the other side,
I am pure, I am pure, I am pure…

The soul is in the body as light is in the air,
Plotinus thought.
                                        Well, I wouldn't know about that, but
La luna piove, and shines out in every direction —
Under it all, disorder, above,
A handful of stars on one side, a handful on the other.
Whatever afflictions we have, we have them for good.

Such Egyptology in the wind, such raw brushstrokes,
Moon losing a bit from its left side at two o'clock.
Still, light mind-of-Godish,
                                                        silent deeps where seasons don't exist.
Surely some splendor's set to come forth,
Some last equation solved, declued and reclarified.
South wind and a long shine, a small time paradiso…

Le Livre appalachien des morts III

La pleine lune illumine le M majuscule,
Livre appalachien des morts, le 22 février 1997 —
La luna piove, la lune saupoudre sa lumière antibiotique
Sur le triste monde septique,
Hiéroglyphes sur la pelouse, murmures de suppliant pour
    l'autre côté,
Je suis pur, je suis pur, je suis pur...

L'âme est dans le corps comme la lumière est dans l'air,
Pensait Plotin.
                    Eh bien, je ne sais pas, mais
La luna piove et brille tous azimuts —
En bas, le désordre, en haut,
Une poignée d'étoiles d'un côté, une poignée de l'autre.
Quelles que soient nos afflictions, nous les avons pour de bon.

Il y a tant d'Égyptologie dans le vent, tant de coups de pinceau à vif,
La lune perd un peu de son côté gauche à deux heures du matin.
Lumière toujours plus ou moins d'inspiration divine,
                    abîmes silencieux où les saisons n'existent pas.
Sûrement, une splendeur s'apprête à paraître,
Une dernière équation sera résolue, déchiffrée et reclarifiée.
Vent du sud et longue brillance, petit paradis...

Opus Posthumous II

Sitting as though suspended from something, cool in my deck
    chair,
Unlooked-on, otherworldly.
There is no acquittal, there is no body of light and elegy.
There is no body of fire.

It is as though an angel had walked across the porch,
A conflagration enhanced, extinguished, then buried again,
No pardon, no nourishment.
It's March, and starvelings feed from my mouth.

Ubi amor, ibi oculus,
                                        love sees what the eye sees
Repeatedly, more or less.
It certainly seems so here, the gates of the arborvitae
The gates of mercy look O look they feed from my mouth.

Opus posthume II

Assis comme si j'étais en punition, *cool* dans ma chaise-
longue,
Ignoré, extra-terrestre,
Il n'y a pas d'acquittement, il n'y a pas de corps lumineux ni
d'élégie.
Il n'y a pas de corps ardent.

C'est comme si un ange avait traversé le porche,
Une conflagration embellie, éteinte, puis réenterrée,
Ni pardon, ni nourriture.
C'est mars, et les affamés se repaissent à ma bouche.

Ubi amor, ibi oculus,
l'amour voit ce que voit l'œil
Cent fois, plus ou moins.
C'est certainement le cas ici, semble-t-il, le portail des thuyas
Le portail de miséricorde voyez, Ô voyez-les se nourrir à ma
bouche.

3

Body Language

The human body is not the world, and yet it is.
The world contains it, and is itself contained. Just so.
The distance between the two
Is like the distance between the *no* and the *yes*,
                                        abysmal distance,
Nothing and everything. Just so.

This morning I move my body like a spring machine
Among the dormant and semi-dead,
The shorn branches and stubbed twigs
                                        hostile after the rain,
Grumpy and tapped out as go-betweens.
Blossoming plum tree coronal toast, cankered and burned.

When body becomes the unbody,
Look hard for its certitude, inclusive, commensurate thing.
Look for its lesson and camouflage.
Look hard for its leash point and linkup.
The shadow of the magnolia tree is short shrift for the grass.

I move through the afternoon,
                                        autumnal in pre-spring,
October headed, hoarfrost-fingered.
The body inside the body is the body I want to come to —
I see it everywhere,
Lisping and licking itself, breaking and entering.

Le langage corporel

Le corps de l'homme n'est pas le monde, tout en l'étant.
Le monde le contient, et lui-même est contenu. C'est exact.
La distance entre les deux
Est comme la distance entre le *non* et le *oui*,
                                        une distance abyssale.
Rien et tout. C'est exact.

Ce matin, je déplace mon corps comme une machine à ressorts
Parmi les dormeurs et les mi-morts.
Branches coupées et brindilles-moignons
                                        hostiles après la pluie,
Intermédiaires grincheuses et taries.
Prunier fleuri en couronne, en toast chancré et brûlé.

Quand le corps devient non-corps,
Quête sa certitude inclusive, chose commensurable —
Cherche sa leçon et son camouflage.
Quête son point d'attache et de liaison.
L'ombre du magnolia envoie promener l'herbe.

Je traverse l'après-midi,
                        automnal en ce pré-printemps,
Tourné vers octobre, tripoté par le givre.
Le corps à l'intérieur du corps est le corps que je veux atteindre —
Je le vois partout,
Zozotant et se léchant, entrant par effraction.

"When You're Lost in Juarez, in the Rain, and It's Eastertime Too"

Like a grain of sand added to time,
Like an inch of air added to space,
                                        or a half-inch,
We scribble our little sentences.
Some of them sound okay and some of them sound not so okay.
A grain and an inch, a grain and an inch and a half.

Sad word wands, desperate alphabet.

Still, there's been no alternative
Since language fell from the sky.
Though mystics have always said that communication is
    languageless.
And maybe they're right —
                                the soul speaks and the soul receives.
Small room for rebuttal there...

Over the Blue Ridge, late March late light annunciatory and
    visitational.

Tonight, the comet Hale-Bopp
                            will ghost up on the dark page of the sky
By its secret juice and design from the full moon's heat.
Tonight, some miracle will happen somewhere, it always does.
Good Friday's a hard rain that won't fall,
Wild onion and clump grass, green on green.

Our mouths are incapable, white violets cover the earth.

« Quand tu es perdu à Juarez sous la pluie, avec Pâques en plus »

Comme un grain de sable ajouté au temps,
Comme un pouce d'air ajouté à l'espace,
ou un demi-pouce,
Nous notons nos petites phrases.
Certaines sonnent juste et d'autres pas si juste.
Un grain et un pouce, un grain et un pouce et demie.

Tristes éventails de mots, alphabet désespéré.

Malgré tout cela, il n'y a plus d'alternative
Depuis que le langage est tombé du ciel.
Encore que les mystiques aient toujours soutenu que la
communication est a-linguale.
Peut-être bien qu'ils ont raison —
l'âme parle et reçoit.
Un interstice pour une réfutation...

Au-dessus du *Blue Ridge*, lumière tardive de fin mars,
annonciatrice et visitationnaire.

Ce soir, la comète de Hale-Bopp
dessinera sur la page noire du ciel
Dans la chaleur de la pleine lune, son fluide et son contour secrets.
Ce soir un miracle se produira quelque part, on n'y coupera pas.
Vendredi Saint est une pluie drue qui ne tombe pas.
Oignon sauvage et touffes d'ivraie, vert sur vert.

Nos bouches sont incapables, la terre est couverte de violettes
blanches.

The Appalachian Book of the Dead IV

High-fiving in Charlottesville.
Sunset heaped up, as close to us as a barrel fire.
Let's all go down to the river,
there's a man there that's walking on the water,
On the slow, red Rivanna,
He can make the lame walk, he can make the dumb talk,
and open up the eyes of the blind.
That dry-shod, over-the-water-walk.

Harbor him in your mind's eye, snub him snug to your hearts.

They'll have to sing louder than that.
They'll have to dig deeper into the earbone
For this one to get across.
They'll have to whisper a lot about the radiant body.
Murmur of river run, murmur of women's voices.
Raised up, without rhyme,
the murmur of women's voices.
Good luck was all we could think to say.

Dogwood electrified and lit from within by April afternoon
late-light.

This is the lesson for today —
narrative, narrative, narrative...
Tomorrow the sun comes back.

Le Livre appalachien des morts IV

Jubilation à Charlottesville.
Coucher de soleil empilé, aussi proche de nous qu'un brasero.
Allons tous à la rivière,
il y a un homme qui marche sur les eaux,
Sur la paresseuse Rivanna rouge,
Il fait marcher le paralytique, il fait parler le bègue,
et rend la vue à l'aveugle.
Cette marche à pied sec à fleur d'eau.

Ouvrez-lui votre esprit, repoussez-le tout contre vos cœurs.

Il leur faudra chanter plus fort que ça.
Il leur faudra creuser jusqu'au fond du tympan
Pour faire passer ce message.
Il leur faudra beaucoup chuchoter à propos du corps radieux.
Murmure de rivière, murmure de voix de femmes.
Haut, non rimé,
le murmure des voix de femmes.
Bonne chance, nous n'avons rien c'est tout ce que j'ai trouvé d'autre à dire.

Cornouiller électrifié et éclairé de l'intérieur par une lumière de fin d'après-midi d'avril.

C'est la leçon du jour —
narration, narration, narration…
Demain le soleil reviendra.

Tomorrow the tailings and slush piles will turn to gold
When everyone's down at the river.
The muscadines will bring forth,
The mountain laurel and jack-in-heaven,
                                        while everyone's down at the river.

Demain, gravier et congères se couvriront d'or
Quand tout le monde sera à la rivière.
Les muscats seront en fleurs,
Les lauriers et les arums aussi,
pendant que nous serons tous à la rivière.

Spring Storm

After the rainfall, a little Buddha in each water drop,
After the rainfall, a little rainbow in each one,
Sun like a one-eyed, Venetian Doge
                                        checking it out,
Then letting the clouds slide shut.
The Chinese can guide you to many things,
                                but the other side's not one of them,
Water reflecting sun's fire, then not.

And the stars keep on moving —
                                    no one can tie them to one place.
Doge eye from under the cloud, sky mullioned with oak limbs,
Stars moving unseen behind the light surge, great river.
The end of desire is the beginning of wisdom,
We keep on telling ourselves,
                                    lone crow
In sun-splotch now crawling across the lawn, black on black.

Orage printanier

Après l'averse, chaque goutte d'eau contient un petit Bouddha,
Après l'averse, chacune contient un petit arc-en-ciel,
Le soleil, doge de Venise borgne,
                                        toise le tout,
Puis laisse les nuages se refermer en glissant.
Les Chinois peuvent vous guider vers bien des choses,
                              mais l'autre côté n'en fait pas partie,
L'eau reflète le feu du soleil, et puis s'éteint.

Et les étoiles continuent à tourner —
                    personne ne peut les attacher à un point fixe.
L'œil du doge perce sous les nuages, les branches de chêne sont
    en meneaux sur le ciel,
Le fleuve des étoiles tourne invisible derrière le flot de lumière.
La fin du désir est le début de la sagesse,
Nous répétons-nous,
                              un corbeau solitaire
Dans la tache de soleil qui rampe sur la pelouse, noir sur noir.

Early Saturday Afternoon, Early Evening

Saturday. Early afternoon. High
Spring light through new green,
                    a language, it seems, I have forgotten,
But which I'll remember soon enough
When the first pages are turned
                    in The Appalachian Book of the Dead.
The empty ones. The ones about the shining and stuff.

Father darkness, mother abyss,
                    the shadow whispered,
Abolish me, make me light.
And so it happened. Rumor of luminous bodies.
The face on the face of the water became no face.
The words on the page of the book became a hush.
                    And luminous too.

These things will come known to you,
                    these things make soft your shift,
Alliteration of lost light, aspirate hither-and-puff,
          Afternoon undervoices starting to gather and lift off
In the dusk,
          Red Rover, Red Rover, let Billy come over,
Laughter and little squeals, a quick cry.

Samedi en début d'après-midi, en début de soirée

Samedi. Début d'après-midi. Pleine
Lumière de printemps à travers les pousses neuves,
langage que, semble-t-il, j'ai oublié,
Mais dont je me souviendrai bien assez tôt
Quand seront tournées les premières pages
du Livre appalachien des morts.
Les pages vides. Celles sur la clarté etc.

Père-obscurité, mère-abime,
murmure l'ombre,
Supprimez-moi, faites-moi lumière.
Et ce fut fait. Rumeur de corps lumineux.
Le visage sur le visage de l'eau se défit.
Les mots sur la page du livre devinrent silence.
Et lumineux aussi.

Ces choses vous sont connues,
Ces choses adoucissent votre temps,
Allitération de lumière perdue, aspiration-et-bouffée,
Murmures de l'après-midi commençant à se rassembler et à
s'envoler
Dans le crépuscule,
Red Rover, Red Rover, let Billy come over,
Rire et piaillements, un cri rapide.

"The Holy Ghost Asketh for Us with Mourning and Weeping Unspeakable"

Well, sainthood's a bottomless pity,
                                        as some wag once said, so
Better forget about that.
I'd rather, in any case, just sit here and watch the rose bleed.
I'd rather it it than me.
For that's how the world proceeds, I've found out,
                                        some blood and a lot of *watch*.

Still, I like to think of them there in their gold gowns and hair shirts,
Missing whatever was lost or lopped
Their last time around,
                                        its absence revealing a pride of place.
I like to think of their tender flesh
Just healed, or just beginning to heal,
                                        syrupy, sweet like that.

Whatever has been will be again,
                                        unaltered, ever-returning.
Serenity of the rhododendron, pink and white,
Dark cinnamon, pink and white,
Azaleas opening in their own deep sleep. Ours too.
After rupture of tulip border, and
                                        white light in the green.

Unseen, unlistened to, unspoken of.
                                        Salvation.

« L'Esprit Saint nous réclame avec lamentations et pleurs indicibles »

Eh bien, la sainteté est une *puitié*[1] sans fond,
dit jadis un farceur,
Mieux vaut n'y pas penser.
Je préférerais en tout cas rester assis ici, à regarder la rose saigner.
Mieux elle que moi.
Car c'est comme ça que le monde marche, j'ai découvert,
un peu de sang et beaucoup de *voyeurisme*.

Pourtant, j'aime penser aux roses dans leurs robes dorées et
leurs cilices,
Elles à qui manque ce qui fut perdu ou élagué
À la dernière floraison,
cette absence révélant une fierté de rang.
J'aime penser à leur chair tendre
Juste guérie, ou bien commençant à guérir,
sirupeuse, sucrée comme ça.
Ce qui fut de nouveau sera,
inchangé, éternel retour.
Sérénité du rhododendron rose et blanc,
Sombre cannelier, rose et blanc,
Azalées s'ouvrant dans leur profond sommeil. Le nôtre aussi.
Bordure de tulipes en après-rupture, et
blanche lumière dans la verdure.
Ni vu, ni écouté, tacite.
Le salut.

Light is, light is not, light is —
However you look at it, the heaven of the contemplatives is a
hard gig.
Thrones and Dominions they'd drift among.
The landscape and wild chestnut will not remember them.

La lumière est, la lumière n'est pas, la lumière est —
Sous quel angle qu'on le voie, le ciel des contemplatifs est un
fichu numéro.
Ils dériveraient parmi les trônes et les empires.
Le paysage et le châtaignier sauvage ne se souviendront pas d'eux.

1. *Puitié*. Le terms anglais-américain, "bottomless pit", signifie "puits sans fond." Le mot "pity" veut dire "pitié." Le terme employé par Charles Wright, "bottomless pity," est un jeu de mots en raccourci sur "puits" et "pitié."

The Appalachian Book of the Dead V

Half-asleep on the back deck,
                                        low wasp-hum of power mower
Ebbing and coming back from next door,
Aggressive shadows of maple leaves
                                        crabbing across the shy sunlight
Languishing apprehensively over the fresh-stained pine boards.
Half-silence, 5 p.m. traffic tide, half-silence, violin tone scales.

So, where do we go from here,
Indoors now, great rush of wheels in my head, it is spring —
Vacancy, earth life, remains out there,
                                            somewhere in the machine.
Waiting for something to come — anything — and mushroom,
I think of myself as a hare, as Virginia Woolf once said,
                                        stilled, expecting moon-visitors.

When your answers have satisfied the forty-two gods,
When your heart's in balance with the weight of a feather,
When your soul is released like a sibyl from its cage,
Like a wind you'll cross over,
                                  not knowing how, not knowing where,
Remembering nothing, unhappening, hand and foot.

The world's a glint on the window glass,

Le Livre appalachien des morts V

Assoupi sur la véranda,
bourdon sourd de la tondeuse
Qui va et vient chez le voisin,
Ombres agressives des feuilles d'érable
qui dansent dans le timide soleil
Et languissent peureusement sur les planches de pin fraîchement vernies.
Mi-silence, flot de voitures de dix-sept heures, mi-silence, gammes de violon.

Alors, où aller depuis ici,
À l'intérieur maintenant, grand flot de roues dans ma tête, c'est le printemps —
La vacuité, vie terrestre, reste dehors,
quelque part dans la machine.
Attendant que quelque chose vienne — n'importe quoi — et bourgeonne,
Je me vois en lièvre, disait Virginia Woolf,
figé dans l'attente de visiteurs lunaires.

Quand vos réponses auront satisfait les quarante-deux dieux,
Quand votre cœur sera aussi léger qu'une plume,
Quand votre âme sera libérée telle une sibylle de sa cage,
Tel un vent vous passerez de l'autre côté,
sans savoir comment, sans savoir où,
Amnésiés, vous défaisant, pieds et poings.

Le monde est un éclat sur le panneau de la vitre,

The landscape’s a flash and fall,
sudden May rain like a sleet spill
On the tin roof, no angel, night dark.
Eternity puddles up.
And here’s the Overseer, blue, and O he is blue…

Le paysage est un éclair et une chute,
pluie de mai soudaine telle une averse glacée
Sur le toit de tôle, pas d'ange, noirceur de la nuit.
L'éternité fait des flaques.
Et voici l'Intendant, bleu, et Ô qu'il est bleu…

Star Turn II

How small the stars are tonight, bandannaed by moonlight,
How few and how far between —
Disordered and drained, like highlights in Dante's death
mask.
Or a sequined dress from the forties
— hubba-hubba —
Some sequins missing, some sequins inalterably in place.

Unlike our lives, which are as they are.
Unlike our imagined selves, which are as we'll never become,
Star-like and shining,
Everyone looking up at, everyone pointing there, O there,
Masked and summering in,
each one a bright point, each one a dodged eclipse.

Tour d'étoiles II

Comme les étoiles sont petites ce soir, cerclées de clair de lune,
Si rares, si clairsemées --
En désordre et vidées, comme les accents du masque mortuaire
de Dante.
Ou les sequins d'une robe des années quarante
— *hubba hubba* —
Avec des sequins manquants et d'autres immuables.

À l'encontre de nos vies, qui sont comme elles sont.
À l'encontre de nos je imaginés, qui sont ce que jamais nous ne
deviendrons,
Comme des stars, brillants,
Remarqués, montrés du doigt par tous, là, là,
Masqués et estivants,
chacun un point brillant, chacun une éclipse esquivée.

After Reading T'ao Ch'ing, I Wander Untethered Through the Short Grass

Dry spring, no rain for five weeks.
Already the lush green begins to bow its head and sink to its
knees.

Already the plucked stalks and thyroid weeds like insects
Fly up and trouble my line of sight.

I stand inside the word *here*
as that word stands in its sentence,
Unshadowy, half at ease.

Religion's been in a ruin for over a thousand years.
Why shouldn't the sky be tatters,
lost notes to forgotten songs?

I inhabit who I am, as T'ao Ch'ing says, and walk about
Under the mindless clouds.
When it ends, it ends. What else?

One morning I'll leave home and never find my way back —
My story and I will disappear together, just like this.

Après avoir lu T'ao Ch'ing, je flâne librement dans l'herbe courte drue

Printemps sec, pas de pluie depuis cinq semaines,
Déjà la verdure luxuriante incline la tête et tombe
    à genoux.

Déjà, tels des insectes, les tiges effeuillées et le chiendent
S'envolent et troublent ma ligne de vision.

Je suis à l'intérieur du mot *ici*
                                        comme ce mot est dans sa phrase,
Sans ombre, à mi-aise.

La religion est en ruines depuis plus de mille ans —
Pourquoi le ciel ne devrait-il pas être en loques,
                                        notes perdues de chants oubliés ?

J'habite qui je suis, comme dit T'ao Ch'ing, et je me promène
Sous les nuages indifférents.
                                        Ça finira quand ça finira. Quoi d'autre ?

Un matin, je quitterai ma maison et j'oublierai pour toujours
    le chemin du retour —
Mon histoire et moi disparaîtrons ensemble, pouf !

Remembering Spello, Sitting Outside in Pranipolini's Garden

In and out of the shy, limp leaves of the grape arbor,
Song birds slither and peel back.

High in the Umbrian sky, the ghosts
Of true saints pinwheel and congregate like pale, afternoon
    clouds
Ready to jump-start the universe,

The Gates of Propertius — so they say —
                                        cream-porphyry at the west of town,
Monte Subasio north-northwest.

It's getting late. The white dog has buried her bits of bread and
The early apricots start to shine,
                                        forty-watt bulbs
Against the sundowned and mottled plain.

No word for time, no word for God, landscape exists outside
    each,
But stays, incurable ache, both things,

And bears me out as evening darkens and steps forth,
                                        my body snug in my life
As a gun in its carrying case,
As an old language, an old address.

En évoquant Spello, assis dans le jardin de Prampolini

Des roitelets entrent et sortent
Des timides feuilles molles de la treille,

Haut dans le ciel d'Ombrie, les fantômes
De vrais saints tournoient et s'attroupent tels de pâles nuages
    d'après-midi
Prêts à faire redémarrer l'univers,

Les Portes de Properce — dit-on —
                porphyre crème à l'ouest de la ville,
Le mont Subasio au nord-nord-ouest.

Il se fait tard. La chienne blanche a enterré ses restes de pain et
Les abricots précoces commencent à briller,
                ampoules de quarante watts
Contre la plaine marbrée par le soleil couchant.

Pas de mot pour le temps, pas de mot pour Dieu, le paysage
    existe en dehors d'eux,
Mais demeure, incurable douleur, ces deux choses,

Et m'affirme alors que le soir noircit et s'avance,
                mon corps à l'étroit dans ma vie
Comme un pistolet dans son étui,
Comme un vieux langage ou une vieille adresse.

I sit in my plastic lawn chair,
                                        unearthly and dispossessed,
My eyes on the turning stars.
Like a Roman statue, I watch everything and see nothing.

Just under the surface of the earth,
The traffic continues to glide by
                                        all night with its lights off.

Je suis assis dans ma chaise longue en plastique,
a-terrestre surnaturel et dépossédé,
Les yeux fixés sur les étoiles tournantes.
Telle une statue romaine, je regarde tout et je ne vois rien,

À fleur de terre,
La circulation continue à couler
toute la nuit, tous phares éteints.

After Rereading Robert Graves, I Go Outside to Get My Head Together

Fourth of July. A stillness across the morning like
The inside of the inside of a hot, uncomforting place.
Head-hunting sky, high clouds lingering, half-suggestive,
Mare's-tailed and double layered.
Green leaves. Clouds and sky. Green leaves. Clouds. Sky.

According to Graves, the true function of poetry
Is a strict, religious invocation of the Muse.
Tell it to the Marines, Roberto,
                                        the Muse is as dead as God is.
In memory of the Muse, perhaps —
In memory of a Memory : a hidden face, a long, white veil.

And yet The Appalachian Book of the Dead exists,
In part, to ease an exit, praise the present and praise the past,
To click the abacus beads, to sum their cloudy count.
(Though sometimes subtraction seems the thing,
A little less of this, a little less of all that.)

Early summer, idle images. No wind, no wound,
The world unpetaled and opened to anyone's tongue.
My next-door neighbor's lawn sprinkler crests and collapses
    beyond the hedge,
A cardinal taunts me from her branch.
                                        Now bees drag their wet loads
Across the garden to feed their queen, huge in her humming hive.

Après avoir relu Robert Graves, je sors me remettre les idées en place

Quatre juillet. Fixité posée sur le matin, comme
L'intérieur de l'intérieur d'un endroit brûlant, déconfortant.
Ciel chercheur de têtes, hauts nuages attardés, mi-suggestifs,
À queues de cheval et double épaisseur.
Feuilles vertes. Nuages et ciel. Feuilles vertes. Nuages. Ciel.

D'après Graves, la vraie fonction de la poésie
Est une stricte invocation religieuse de la Muse.
Dis-le aux Marines, Roberto,
                                        la Muse est aussi morte que Dieu.
En souvenir de la Muse, peut-être —
En souvenir d'un Souvenir : un visage caché, un long voile blanc.

Et pourtant le Livre appalachien des morts existe,
En partie pour faciliter une sortie, pour louer le présent et le passé,
Pour cliquer les grains du boulier, pour calculer leur compte nuageux.
(Encore que parfois la soustraction semble convenir,
Un petit peu moins de ci, un petit peu moins de tout ça).

Jeune été, images désœuvrées. Ni vent ni pluie,
Le monde effeuillé et ouvert à la langue de n'importe qui.
L'arroseur automatique de mon voisin s'élève et retombe
    derrière la haie,
Un cardinal femelle me nargue depuis sa branche.
                              Les abeilles traînent leurs fardeaux mouillés
À travers le jardin pour nourrir leur reine, énorme dans sa ruche
    bourdonnante.

American Twilight

Why do I love the sound of children's voices in unknown games
So much on a summer's night,
Lightning bugs lifting heavily out of the dry grass
Like alien spacecraft looking for higher ground,
Darkness beginning to sift like coffee grains
over the neighborhood?

Whunk of a ball being kicked,
Surf-suck and surf-spill from traffic along the bypass,
American twilight,
Venus just lit in the third heaven,
Time-tick between "Okay, let's go," and "This earth is not my home."

Why do I care about this? Whatever happens will happen
With or without us,
with or without these verbal amulets.
In the first ply, in the heaven of the moon, a little light,
Half-light, over Charlottesville.
Trees reshape themselves, the swallows disappear, lawn sprinklers do the wave.

Nevertheless, it's still summer : cicadas pump their boxes,
Jack Russell terriers, as they say, start barking their heads off,
And someone, somewhere, is putting his first foot, then the second,
Down on the other side,
no hand to help him, no tongue to wedge its weal.

Crépuscule américain

Pourquoi aimé-je tant le son des voix d'enfants occupés à des
jeux mystérieux
Les soirs d'été,
Quand les lucioles décollent lourdement de l'herbe sèche
Telles des nacelles extra-terrestres en quête d'altitude,
Et que l'obscurité commence à se tamiser en grains de café
sur le voisinage ?

Boum d'un ballon tapé,
Circulation, ressac allant et venant le long de l'autoroute,
Crépuscule américain,
Vénus s'allume dans le troisième ciel,
Un battement de balancier entre « d'accord, allons » et « cette
terre n'est pas mon *home* ».

Pourquoi cela me soucie-t-il ? Ce qui doit arriver arrivera
Avec ou sans nous,
avec ou sans ces amulettes verbales.
Dans la première épaisseur, dans le paradis lunaire, une petite lumière,
Un clair-obscur sur Charlottesville.
Les arbres reprennent leur forme, les hirondelles disparaissent,
les arroseurs automatiques font bonjour.

Malgré tout, c'est encore l'été : les cigales pompent leurs boîtes,
Les terriers, comme on dit, commencent à aboyer à tue-tête,
Et quelqu'un, quelque part, met un pied devant l'autre,
En bas, de l'autre côté,
nulle main pour l'aider, nulle langue pour insérer sa joie.

The Appalachian Book of the Dead VI

Last page, The Appalachian Book of the Dead,
                                                            full moon,
No one in anyone's arms, no lip to ear,
    cloud bank
And boyish soprano out of the east edge of things.
Ball-whomp and rig-grind stage right,
Expectancy, quivering needle, at north northwest.

And here comes the angel with her drum and wings. Some
    wings.
Lost days, as Meng Chiao says, a little window of words
We peer through darkly. Darkly,
Moon stopped in cloud bank, light slick for the chute and long
    slide,
No lip, no ear.
                        Distant murmur of women's voices.

I hear that the verb is facilitate. To facilitate.
Azure. To rise. To rise through the azure. Illegible joy.
No second heaven. No first.
I think I'll lie here like this awhile, my back flat on the floor.
I hear that days bleed.
                I hear that the right word will take your breath away.

Le Livre appalachien des morts VI

Dernière page du Livre appalachien des morts,
pleine lune,
Personne dans les bras de personne, nulle bouche à oreille,
banc de nuages
Et soprano adolescent au coin est des choses.
Boum de ballon et grincement de camion, à droite de la scène,
Attente, aiguille tremblotante, au nord-nord-ouest.

Et voici qu'apparaît l'ange avec son tambour et ses ailes. De
sacrées ailes.
Les jours perdus, dit Meng Chiao, sont une petite fenêtre de mots
Par laquelle nous regardons à l'aveuglette. A l'aveuglette,
Lune arrêtée dans un banc de nuages, lumière lisse pour la chute
et la longue glissade,
Ni bouche, ni oreille.
Murmure distant de voix de femmes.

J'entends dire que le verbe est faciliter. Faciliter.
Azur. Se lever. S'élever dans l'azur. Joie illisible.
Pas de deuxième paradis. Pas de premier.
Je pense que je vais rester étendu comme ça, un peu, le dos à plat
contre le plancher.
Il paraît que les jours saignent.
Il paraît que le mot juste vous coupera l'haleine.

Landscape as Metaphor, Landscape as Fate and a Happy Life

August. Montana. The black notebook open again.
Across the blue-veined, dune-flattened, intimate blank of the page,
An almost-unseeable winged insect has set forth
On foot.
        I think I'll track his white trail.

— To set one's mind on the ink-line, to set one's heart on the dark
Unknowable, is far and forlorn, wouldn't you say?

Up here, our lives continue to lift off like leaf spores in the
    noon-wash,
Spruce trees and young hemlocks stand guard like Egyptian dogs
At the mouth of the meadow,
Butterflies flock like angels,
                    and God knees our necks to the ground.

— Nevertheless, the stars at midnight blow in the wind like high
    cotton.
There is no place in the world they don't approach and pass over.

Wind lull, midmorning, tonight's sky
                    light-shielded, monkish and grand
Behind the glare's iconostasis, yellow poppies

Le paysage comme métaphore,
Le paysage comme destin et bonheur

Août. Le Montana. Le carnet noir rouvert.
Sur la blancheur intime de la page veinée de bleu, arrondie
 comme une dune,
Un insecte ailé presque invisible se met
En marche.
 Je pense que je vais suivre sa queue blanche.

— De fixer son esprit sur le trait d'encre, de fixer son cœur
 sur la noirceur
Inconnaissable, est un acte distant et désespéré, ne croyez-vous pas ?

Ici, nos vies continuent à décoller comme les spores des feuilles
 dans la foulée de midi,
Les épicéas et les jeunes ciguës montent la garde comme des
 chiens égyptiens
A l'orée du pâturage,
Les papillons s'attroupent comme des anges,
 et Dieu ploie nos cous jusqu'à terre.

— Malgré tout, les étoiles de minuit dansent dans le vent
 comme le beau monde.
Il n'est d'endroit qu'elles ne frôlent ou ne survolent.

Accalmie du vent, matinée, ciel de ce soir
 dans son armure de lumière, monacal et sublime
Derrière l'iconostase du reflet, coquelicots jaunes

Like lip prints against the log wall, the dead sister's lunar words
Like lip prints against it, this is as far as it goes...

— The sun doesn't shine on the same dog's back every day.
Only you, Fragrant One, are worthy to judge us and move on.

Tels des empreintes de lèvres sur le mur de rondins, mots
lunaires de la sœur morte
Tels des empreintes de lèvres sur le mur, ça ne va pas plus loin…

— Le soleil ne brille pas sur le dos du même chien chaque jour.
Seul toi, ô Parfumé, es digne de nous juger et de continuer ta route.

Opus Posthumous III

Mid August meltdown, Assurbanipal in the west,
Scorched cloud-towers, crumbling thrones —
The ancients knew to expect a balance at the end of things,
The burning heart against the burning feather of truth.
                                                  Sweet-mouthed,
Big ibis-eyed, in the maple's hieroglyphs, I write it down.

All my life I've looked for this slow light, this smallish light
Starting to seep, coppery blue,
                    out of the upper right-hand corner of things,
Down through the trees and off the back yard,
Rising and falling at the same time, now rising, now falling,
Inside the lapis lazuli of late afternoon.

Until the clouds stop, and hush.
Until the left hedge and the right hedge,
                                        the insects and short dogs,
The back porch and barn swallows grain-out and disappear.
Until the bypass is blown with silence, until the grass grieves.
Until there is nothing else.

Opus postume III

Fusion de mi-août, Assurbanipal à l'ouest,
Tours de nuages brûlées, trônes croulants —
Les anciens savaient attendre l'équilibre à la fin des choses,
Le cœur ardent contre l'ardente plume de la vérité.
                                                            Suave bouche,
Grands yeux d'ibis, dans les hiéroglyphes de l'érable, je le note.

Toute ma vie j'ai cherché cette lente lumière, cette lueur
Qui commence sa diffusion, bleu cuivré,
                        en haut à droite, à partir du coin des choses,
Descendant à travers les arbres et sourdant du jardin,
Ascendante et descendante tout à la fois, ascendante et descendante,
Dans le lapis-lazuli de fin d'après-midi.

Jusqu'à ce que les nuages s'arrêtent et se taisent.
Jusqu'à ce que la haie gauche et la haie droite,
                                    les insectes et les chiens pattus,
La véranda et les hirondelles se désagrègent et disparaissent.
Jusqu'à ce que l'autoroute éclate de silence et ce que l'herbe soit
    en deuil.
Jusqu'à ce qu'il n'y ait rien d'autre.

Postface

Entre sagesse ancestrale (chinoise, égyptienne, italienne, biblique) et paysages familiers (Charlottesville en Virginie, le Montana, la Toscane, et les Appalaches du Tennessee), entre désincarnation vers l'au-delà et attachement poignant au monde végétal, lumineux et sonore d'ici-bas, Charles Wright recherche le sens de la vie. Il recherche aussi "le corps à l'intérieur du corps," "les vrais noms des choses, ceux dont elles se nomment quand personne n'écoute," et le mot juste qui "vous coupera l'haleine." Il recherche la permanence à la frontière entre luminosité et obscurité, aux points d'éblouissement, partout où la lumière sert de pont, de guide, de lien, et de mystère – telles les fleurs de châtaignier qui "ressemblent à des étoiles perçant aux racines des grands arbres d'un autre ciel." Ce sens d'équilibre est une victoire fragile, la réconciliation des extrêmes telle qu'on l'entend dans les contrepoints de toute œuvre musicale qui amplifie l'espace. Ces contrepoints de mots (ésotérismes et néologismes), d'humeurs (accès de mélancolie et illuminations), de thèmes (intimes et philosophiques), de registres (concret minutieusement observé et imaginaires métaphysiques), et de tons (graves et primesautiers) font de Charles Wright un des plus grands poètes américains du XXe siècle. Sa voix discrète s'impose et ne nous quitte plus. La longue incantation de son Livre appalachien des morts est une célébration de vie, une écoute de "l'absolu dont les mots sont une solitude mise en musique," et la nostalgie de "l'ombre de Dieu, liquide et indiscernable" sur les crêtes bleues du *Blue Ridge*, ses montagnes natales.

Alice-Catherine Carls

Notes

"*Stray Paragraphs in April, Year of the Rat.*" Simone Weil's notebooks.

"*A Bad Memory Makes You a Metaphysician, a Good One Makes You a Saint.*" The title as well as two lines in the text have been taken and laundered from material in E. M. Cioran's *Tears and Saints*, translated by Ilinca Zarifopol Johnston, 1995.

"*In the Valley of the Magra.*" Gerard Manley Hopkins, *The Poems of Gerard Manley Hopkins*, 4th edition, "*In the Valley of the Elwy*," 1970.

"*All Landscape Is Abstract, and Tends to Repeat Itself*" Guido Ceronetti, *The Silence of the Body*, translated by Michael Moore, 1993.

"*Autumn's Sidereal, November's a Ball and Chain.*" Wallace Stevens, "Jonga," *Collected Poems of Wallace Stevens*, 1965.

"*Reply to Wang Wei.*" *Poems of Wang Wei*, translated by C. W. Robinson,

"*Drone and Ostinato.*" *Ecstatic Confessions* (Meister Eckhart), compiled by Martin Buber, edited by Paul Mendes Flohr, 1985.

"*Ostinato and Drone.*" Ibid.

"*Half February.*" Ibid. Thomas Merton/Czeslaw Milosz, *Striving Towards Being*, edited by Robert Faggen, 1997.

"*Back Yard Boogie Woogie.*" Simone Weil, *Waiting for God*, translated by Emma Craufurd, 1973.

"*Opus Posthumous II.*" Ezra Pound, "*Canto 90*," The Cantos, 1970.

"*When You're Last in Juarez, in the Rain, and It's Eastertime Too*" (sic). Bob Dylan; I. M. Pei.

"*The Appalachian Book of the Dead IV.*" Mac Wiseman, "Let's All Go Down to the River" (trad.).

"*Spring Storm.*" Gary Snyder, *Mountains and Rivers Without End*, 1996.

"*The Appalachian Book of the Dead V.*" The Diaries of Virginia Woolf.

"*After Reading Tao Ch'ing...*" *The Selected Poems of T'ao Ch'ing*, translated by David Hinton.

Notes

"*Paragraphes épars en avril, An du Rat.*" Cahiers de Simone Weil.

"*Un mauvais souvenir fait de toi un métaphysicien, un bon souvenir fait de toi un saint.*" Le titre et deux vers de ce poème sont tirés – et pillés – de l'ouvrage de E. M. Cioran, *Des Larmes et des saints*.

"*Dans la vallée de la Magra.*" Gerard Manley Hopkins, *The poems of Gerard Manley Hopkins*, "*Dans la vallée de l'Elwy.*"

"*Tout paysage est abstrait et tend à se répéter.*" Guido Ceronetti, *Le Silence du corps*.

"*Automne sidéral, chaîne et boulet de novembre.*" Wallace Stevens, "Jonga." *Collected Poems of Wallace Stevens*.

"*Reply to Wang Wei.*" Poems of Wang Wei.

"*Bourdon et ostinato,*" et "*Ostinato et bourdon.*" *Ecstatic Confessions* (Meister Eckhart), réunies par Martin Buber, éditées par Paul Mendes-Flohr.

"*Mi-février.*" Ibid. Thomas Merton / Czeslaw Milosz, *Striving towards Being*. The Letters of Thomas Merton and Czeslaw Milosz.

"*Boogie-Woogie de jardon.*" Siomone Weil, *Attente de Dieu*.

"*Opus posthume II.*" Ezra Pound, "*Canto 90,*" Les Cantos.

"*Quand tu es perdu à Juarez sous la pluie, avec Pâques en plus.*" (Sic). Bob Dylan; I. M. Pei.

"*Le Livre appalachien des morts IV.*" Mac Wiseman, "Allons tous à la rivière."

"*L'orage de printemps.*" Gary Snyder, *Montagnes et rivières sans fin*.

"*Le Livre appalachien des morts V.*" *The Diaries of Virginia Woolf.*

"*Après avoir lu T'ao Ch'ing...*" *The Selected Poems of T'ao Ch'ing*.

Contents

1.

2.

Table des poèmes

1.

2.

3.

3.

Collection Poésie/bilingue

animée par Robert Dadillon

Déjà parus :

SILVAINE ARABO, *Ballade de Chef Joseph,*
traduit en espagnol par Porfirio Mamani Macedo. (ÉPUISÉ)

FERRUCCIO BRUGNARO, *Le printemps mûrit lentement,*
traduit de l'italien par Jean-Luc Lamouille. (ÉPUISÉ)

FERRUCCIO BRUGNARO, *Ils veulent nous enterrer !,*
traduit de l'italien par Béatrice Gaudy.

GUY CHATY, *Anatole et son chat,*
traduit en allemand par Werner Rossade.

ANNA FRAJLICH, *Le vent, à nouveau me cherche*,
traduit du polonais par Alice-Catherine Carls.

PORFIRIO MAMANI MACEDO, *Au-delà du jour,*
traduit de l'espagnol (Pérou) par Elisabeth Passedat. (ÉPUISÉ)

PORFIRIO MAMANI MACEDO, *Voix sur les rives d'un fleuve,*
traduit de l'espagnol (Pérou) par Elisabeth Passedat.

PORFIRIO MAMANI MACEDO, *Poème à une étrangère,*
traduit de l'espagnol (Pérou) par Elisabeth Passedat.

JEAN SECOND, *Le livre des baisers*,
suivi de *Quelques imitations de Pierre de Ronsard,*
Rémy Belleau, Jean-Antoine Baïf, Joachim du Bellay,
traduit du latin par Emmanuel Hiriart.

JOSE GABRIEL VALDIVIA, *Fleurs de cactus et autres épines,*
traduit de l'espagnol (Pérou) par Elisabeth Passedat.

Achevé d'imprimer en janvier 2009 sur presse numérique
par CPI, Firmin Didot
Le Mesnil-sur-l'Estrée

N° d'impression : 93615

Imprimé en France